Les FOUS du

Texte et illustrations : **PAUL ROUX**

À Angélique

Le raton laveur

Catalogage avant publication de Bibliothèque et Archives nationales du Québec et Bibliothèque et Archives Canada

Roux, Paul, 1959-

Les fous du soccer

(Les aventures d'Ernest et Émilie)
(Le raton laveur)
Bandes dessinées.
Pour enfants de 6 à 9 ans.

ISBN 978-2-89579-144-7

I. Titre. II. Collection: Roux, Paul, 1959- . Aventures d'Ernest et Émilie. III. Collection: Raton laveur (Bayard (Firme)).

PN6734.F68R68 2007 j741.5'971 C2007-941019-7

Nous reconnaissons l'aide financière du gouvernement du Canada par l'entremise du Programme d'aide au développement de l'industrie de l'édition (PADIÉ) pour nos activités d'édition.

Conseil des Arts du Canada Canada Council for the Arts

Bayard Canada Livres inc. remercie le Conseil des Arts du Canada du soutien accordé à son programme d'édition dans le cadre du Programme des subventions globales aux éditeurs.
Cet ouvrage a été publié avec le soutien de la SODEC.
Gouvernement du Québec – Programme de crédit d'impôt pour l'édition de livres – Gestion SODEC.

Dépôt légal – 3e trimestre 2007
Bibliothèque nationale du Québec
Bibliothèque nationale du Canada

Direction : Paule Brière
Graphisme : Mathilde Hébert
Révision : Mireille Leduc

4475, rue Frontenac, Montréal (Québec) Canada H2H 2S2
Téléphone : (514) 844-2111 ou 1 866 844-2111
Télécopieur : (514) 278-3030
Courriel : edition@bayard-inc.com

Imprimé au Canada

DRIIING
DEBOUT, L'ATHLÈTE! C'EST LE GRAND JOUR!
???
NETTOYONS CETTE PEAU LISSE, CE DOS FIN ET CE CORPS BEAU!
TORÉADOR PREND GARDE...
ALLEZ, HOP! LE PLEIN DE VITAMINES, DE FORCE ET D'ÉNERGIE!
KING KORN
LA CÉRÉALE BRANCHÉE
9
COCORICO
18 GRAINS PLUS
BZZ

ERNEST, C'EST SAMEDI ET IL EST 6 h 45. QUELLE EST LA RAISON DE TOUTE CETTE AGITATION ? J'ESPÈRE QU'ELLE EST BONNE.
DE LUMIÈRE !
PAPA, C'EST AUJOURD'HU TODAY ! ¡HOY ! OGGI ! SIMERA HEUTE !
AUJOURD'HUI ?...
LE TOURNOI ! THE TOURNAMENT ! ¡EL TOURNAMENTE !
LE TOURNOI !!! CROTTE DE CROTALE, J'AVAIS OUBLIÉ !
LA COUPE LEKOU-DEPIEZ !

*UN JOUEUR DE SOCCER QUI REÇOIT UN CARTON ROUGE EST EXPULSÉ DU MATCH.

NOM D'UN TOUTOUTONDU, TON TOURNOI DE SOCCER!
JE N'Y PENSAIS PLUS!
VITE, JE DOIS PRÉPARER LES SANDWICHS!
LA CRÈME SOLAIRE!
L'EAU
LES FRUITS!
LES CHAISES
LES PANSEMENT
L'APPAREI PHOTO!
MON CHAPEAU!
9
ALLEZ, HOP, LES SUPPORTERS! DANS LE SAC!
ET VOILÀ, JE **SUIS PRÊT**!
LES GRIZZLIS DE L'ESTRIE, LES LÉOPARDS DE ST-LÉONARD, LES SANGLIERS DU SAGUENAY ET LES GNOUS DE RIVIÈRE-DU-LOUP N'ONT QU'À BIEN SE TENIR!
NOUS, LES LIONCEAUX DE GATINEAU, NOUS VAINCRONS!

* ARRÊT DE 15 MINUTES ENTRE LES DEUX PÉRIODES DE JEU QUI DURENT 45 MINUTES CHACUNE.

ON S'INSTALLE ICI ?
OUI.
BRRR
QUELLE IDÉE DE COMMENCER UN TOURNOI À 8 HEURES, UN SAMEDI MATIN ! C'EST DE LA TORTURE.
J'ARRIVE !
SOUVENEZ-VOUS, LES LIONCEAUX : ON JOUE BIEN, ON NE S'ÉNERVE PAS, ON EST DISCIPLINÉ ET, SURTOUT, ON FAIT PREUVE D'ESPRIT SPORTIF EN TOUT TEMPS !
ET, BIEN SÛR, ON GAGNE !
OUAIS !
TI MOTON

CE QUE J'AIME DANS CE TOURNOI, C'EST QUE LES ÉQUIPES SONT MIXTES.
C'EST VRAIMENT UN SPORT FAMILIAL !
PRÊTS?
TRRîîîîîT
HOP, DÉJOUÉ !
HÉ! HÉ! DÉJOUÉ !
HÉ ! LA PASSE !
LA PASSE !

Les Lionceaux
Les GRIZZLIS
BRAVO!
PLUS VITE!
TIRE!
C'EST BEAU!
VAS-Y!
C'EST ÇA, ATTAQUE!
HÉ!
POF!
HÉ! HO! IL L'A POUSSÉ!
BRAVO, MON FILS! PRENDS TA PLACE SUR LE TERRAIN!
LÂCHE PAS!
GRMMBLL

TRRRRÎÎÎÎÎÎT!
PLAF!
BRAVO, MON GARÇON! NE TE LAISSE PAS FAIRE!
C'EST UN SCANDALE! ON N'A PAS LE DROIT DE FAIRE ÇA! C'EST ANTISPORTIF!
CLAP! CLAP! CLAP!
'SCUSEZ.

* FAUTE COMMISE PAR UN JOUEUR QUI A POUR CONSÉQUENCE DE DONNER LE BALLON À L'ÉQUIPE ADVERSE.

BUUUUT!
SI VOTRE FILLE AVAIT PASSÉ LA BALLE PLUS VITE, ÇA NE SERAIT PAS ARRIVÉ!
!??
QUOI!?!
MAIS C'EST VOTRE FILS QUI N'ÉTAIT PAS À SON POSTE!
DE TOUTE FAÇON, L'ARBITRAGE EST POURRI.
MOINS QUE LE PUBLIC...
ENFIN, LA MI-TEMPS.
TRÎÎÎÎÎT!
TRÎÎÎÎÎÎT!
TRÎÎÎÎÎÎÎT!

CHEZ LES LIONCEAUX, C'EST L'EUPHORIE...
BRAVO!
METTEZ-LEUR DEUX AUTRES BUTS DÈS LA REPRISE DU JEU ET ILS SONT FICHUS!
FAITES PLUS DE PASSES!
RESSERREZ VOTRE DÉFENSE!
VOUS ÊTES LES MEILLEURS!
ATTAQUEZ PLUS!

CHEZ LES GRIZZLIS, C'EST LA MOROSITÉ...
SOYEZ PLUS AGRESSIFS AVEC LE BALLON!
MONTREZ-LEUR CE DONT VOUS ÊTES CAPABLES!
VOUS AVEZ PLUS DE TECHNIQUE QU'EUX!
FAITES-LES RUGIR DE RAGE, CES BÉBÉS LIONS!
LEUR BUT N'ÉTAIT PAS MÉRITÉ. C'ÉTAIT JUSTE UN COUP DE CHANCE!
LES MEILLEURS, C'EST VOUS!

DEUXIÈME PÉRIODE...
TRRÎÎÎÎT
POUR PLAIRE
À MAMAN
ET À PAPA...
CHACUN TENTE
DE SE DÉPASSER...
D'ACCOMPLIR
DES EXPLOITS...
D'ÊTRE LE
MEILLEUR OU
LA MEILLEURE
DE LA PLANÈTE.

* AU SOCCER, TOUCHER LE BALLON AVEC LA MAIN EST INTERDIT. ** RECEVOIR UN CARTON JAUNE CONSTITUE UN AVERTISSEMENT. DEUX CARTONS JAUNES ÉQUIVALENT À UN CARTON ROUGE, SOIT L'EXPULSION DU MATCH.

MONSIEUR, JE NE VOUS PERMETS PAS! VOUS N'ÊTES QU'UN
ET VOUS, UN
LÀ! LÀ! REGARDEZ!

PAAAF!
TOMP!
BUUUT!

* FAUTE COMMISE PAR UN JOUEUR QUI REÇOIT UNE PASSE ALORS QU'IL EST SITUÉ DERRIÈRE LE DERNIER DÉFENSEUR DE L'ÉQUIPE ADVERSE.

MAUVAIS PERDANTS!!
TRICHEURS!!!

QU'EST-CE QU'ILS FONT?
ILS ONT HONTE DE VOTRE COMPORTEMENT.
ALORS ILS SE SONT MIS UNE CHAUSSETTE SUR LA TÊTE POUR NE PAS ÊTRE RECONNUS.
C'EST ÇA, DEVENIR ADULTE?
FAUT FAIRE CE QU'ILS DISENT, PAS CE QU'ILS FONT, C'EST ÇA !
ILS SONT CAPABLES DE S'ÉTRIPER POUR UN JEU !
ALORS, MOI, J'ARRÊTE DE GRANDIR TOUT DE SUITE!
MOI AUSSI !
MOI AUSSI !
QUELLE HONTE! QUEL SPECTACLE POUR DES ENFANTS!

* MATCH DE REVANCHE.

LE LENDEMAIN...
Les Lionceaux
Les GRIZZLIS
ALLEZ, LES AMIS, AUJOURD'HUI ON JOUE POUR LE PLAISIR, PAS POUR ÊTRE LES MEILLEURS!
MAIS ON JOUE LE MIEUX POSSIBLE QUAND MÊME!
SÛR, TOUJOURS!
PAUL ROUX 2007
TRRRIIIIIIT
FIN
DÉBUT...
(ET, BIEN SÛR, DES BUTS!)